# द साइलेंट विंटर

वीरेन पराशर

# समर्पण

जब मैंने लिखना प्रारम्भ किया था, एक ललक थी इसे करने की | यह मेरे लिए एक चुनौती थी | जैसे जैसे मैं इसमें रमा, मुझे लगा की ये रत्नगर्भा तो है पर अपरम्पार भी | तब से यह मेरी साधना का अंग बना और धीरे धीरे आनंद बन गया | जो अज्ञात है अनदेखा है वह सहज ही आकर्षित करता है | उसी अज्ञात को समर्पित है मेरा यह अकिंचन प्रयास |

इस संकलन को प्रारूप देने की प्रेरणा के लिए मेरी पार्टनर इन क्राइम गुंजन का बहुत - बहुत आभार व्यक्त करता हूँ की उन्होंने मुझे इसके लिए प्रेरित किया |

# क्रम-सूची

# 1. द फर्स्ट वन - विंटर्स ऑफ़ ९८

मैंने सोचा एक दिन यूँ ही कुछ,
जैसे मुझको मिल गया हो सभी कुछ |
सोचता हूँ गर मैं बन जाऊं कवि,
क्या लिखूंगा क्या कहूंगा गर मैं बन जाऊं कवि ||
कुछ इधर की, कुछ उधर की लिखूंगा ही,
शायद अपने लिए भी कुछ लिखूं , कुछ तुम्हारी भी |
कुछ अतीत की कुछ वर्तमान की,
गर मैं बन जाऊं कवि ||
लेकिन अभी कुछ ऐसा हुआ नहीं,
अभी मैं बना नहीं हूँ कवि |
अभी सिर्फ इतना ही लिखा है,
और कुछ ज्यादा लिखूंगा ||
गर मैं बन जाऊं कवि,
गर मैं बन जाऊं कवि,
गर मैं बन जाऊं कवि

# 2. शार्ट वन्स - पोएट इन मेकिंग

फिर कुछ पुरानी बातो के बारे मैं सोचता हूँ ,
लिख कर मन की निकल लेता हूँ |
कुछ अच्छे बीते पल,
उन्ही को शब्दो में समेट लेता हूँ ||
अभी घर से बाहर टहल रहा था, क्यों लिखी मैने कविता सोचता था |
तभी कुछ शब्दो को तोड़ता, किसी अनमनी कविता में ढालता ||
शायद एक कविता बना बैठा था, कविता लम्बी थी अच्छी थी, पर बुरा था |
हाथ में कागज कलम न था ||

# 3. ड्रीमस ऑफ़ ए टीनेजर

क्या बनूँगा सोचता था पहले जब था बहुत छोटा |
खेलता बहुत फुटबॉल और क्रिकेट था |
शायद एक प्लेयर बनने का इरादा था ||
पर समय बहुत कुछ होता है बदल गया |
अलग सोचने के नजरिये में ढल गया |
आर्मी या नेवी में जाने की आस लगा बैठा था |
क्यूंकि उनकी यूनिफार्म बहुत अच्छी होती है ||
फिर कुछ समय और गुजरा |
ज्योतिष में ध्यान लगाया,
अपनी रेखाओ पर ही प्रयोग आजमाया |
रेखाएं कुछ और ही बयां कर रही थी,
उन्होंने मुझे कुछ और ही बना दिया था ||
जिसकी में कल्पना भी न कर सका "स्मगलर" |
स्मगलर बना दिया था मुझे,
कुछ दिन जेल में जाने का योग बना था |
पर शायद ये गलत था,
क्यूंकि मैं अभी ज्योतिषी नहीं था ||
समय ने एक खेल और खिलाना था,
डॉक्टर या इंजीनर बनने का सपना भी दिखाना था |
ये भी पूरा न हो सका,
क्यूंकि भाग्य कुछ और था ||
अब तक मैं भी संभल चुका था,

कुछ अनुभव सा हो चला था |
दो चार बाल जो सफ़ेद हो गए थे,
इन्ही का नतीजा था, मैं अब फिलॉस्फर बन गया था ||
न कुछ तम्मना थी न कुछ इरादा था,
बस यही सोचता था |
क्यों भागते फिरते हैं लोग, इधर उधर,
अब तो बस एक ही इरादा है |
बनू ऐसा करू ऐसा, जो दूसरो के काम आये |
अपने लिए बहुत किया, अब कुछ और किया जाए ||
शायद इसलिए ही लिखता हूँ, कलम को घिसता हूँ |
क्या पता यही कभी कही किसी के काम आ जाये |
मेरे चंद छोटे से अनुभवों से रह पा जाये ||

# 4. एक्सपीरियंस

क्यों नहीं लेते हैं लोग, फायदा अपने अनुभवों का
यूँ ही एक ढर्रे पर चलते जाते है |
जब गिरते हैं तब भी संभल नहीं पाते हैं
जो कुछ लोग कुछ अलग करने की चाह रखते हैं |
उन्हें पागल कह कर नकार देते हैं
लगता है मैं भी कुछ उन्ही मैं से हूँ |
जब भी कुछ नया करने की सोचता हूँ, रोक दिया जाता हूँ
यह कह कर की ऐसा नहीं, वैसा नहीं करना चाहिए |
अब मेरी जिंदगी तू ही बता मुझे क्या करना चाहिए ||

# 5. अंडरस्टैंडिंग

जिनके साथ सालो से हूँ - २
वो भी समझ नहीं पाए, उनका दोष नहीं |
समझ तो मैं भी अपने आप को नहीं पाया हूँ
कभी कभी लगता है कुछ अलग सा ही हूँ |
इस मतलबी दुनिया से कुछ अलग और बहुत अलग
कुछ शब्दो से बहुत प्यार सा हो गया है
अलग, अकेला भी इनमे शुमार है |
अभी तक जो लिखा है, कैसा है पता नहीं, मन तो है पर
शब्द नहीं
अलग, अकेले से तो कुछ होगा भी नहीं,
इसलिए बस अब इसको खत्म करता हूँ यही |

# 6. फीलिंग्स ऑफ़ लव

जरा सी धड़कनो का दिल को सहारा होता
आज फिर उनसे मिलने का बहाना होता |
फिर तो क्या बात थी अंजामे मोहब्बत होता
आज फिर उनसे मिलने का बहाना होता |
फिर एक बार तो दिल हाल सुनाना होता
दिल के अरमान को जुबा पे तो लाना होता
आज फिर उनसे मिलने का बहाना होता |
फिर अपनी शायरी का कोई एक नगमा तो सुनाना होता
यही तो इस प्यार भरे प्यार का प्यारा सा अफसाना होता
आज फिर उनसे मिलने का बहाना होता |

# 7. व्हाट 'स इन द नेम

कुछ हटकर लिखने की कोशिश कर रहा था
पिछली कुछ लाइन कुछ ऐसे ही शब्दो में ढाल चुका था |
डरता हूँ लोग मुझे नया नाम न दे दें
कुछ लोग दीवाना, और न जाने क्या - क्या कह दें|
नाम से कुछ याद आया
बहुतो के नाम हमने भी बनाये हैं
सोचा आज अपना भी कोई नया नाम रख दें |
इस कवि को एक नयी पहचान दे दें
तो लो अब इनको "विचित्र" बना देते हैं |
वाह क्या नाम है, वाकई विचित्र है
कैसा लगेगा जब हर कोई इस कवि वो "विचित्र" कहेगा ||

# 8. क्राइसिस ऑफ़ एक्सिस्टेंस

कब्र के रास्ते जन्नत नसीब होती है,
फिर क्यों लोग कब्रिस्तान से डरते हैं |
पास से गुजरते हैं क्यों दबे पॉव,
बिना किसी शोर शराबे के |
क्यों सोचते हैं, के शायद भूत न पीछे पड़ जाए,
क्यों नहीं समझते की वो वही तो हैं,
क्यों लोग खुद अपने ही अतीत से डरते हैं ||
अभी जिस रास्ते से गुजरा,
बहुत सारे पीपल के पेड़ों को देख ठहरा |
क्या सोचते हैं लोग इनके बारे में,
कोई कहता है भूतो का डेरा है,
कोई भगवान का वास बताता है |
क्यों कोई ठीक से निर्णय नहीं कर पाया है,
लगता कुछ ऐसा ही अपना हाल है,
हमारे बारे में भी किसी ने अभी तक ठीक से नतीजा नहीं
लगाया है |

# 9. डीप थॉट्स

जब भी कभी थोड़ी सी ख़ुशी का अहसास होता है,
तभी उसको झकझोरने वाला तूफ़ान सा पीछे - पीछे आता
है |
फिर ये अकेला मन उन्हीं लम्हों की यादों में उदास हो
जाता है
फिर से वही सोचने लग जाता है |
की क्या से सिर्फ मेरे साथ ही होता है
क्यों चंद अच्छे लम्हों के बाद फिर वही अकेलापन ही रह
जाता है |
क्या सिर्फ में ही हूँ,
क्या सिर्फ मेरे साथ ही ऐसा है
या फिर कई और भी हैं मेरे साथ |

# 10. पॉएट ऑन ए ब्रेक

कई दिन हुए कुछ लिखा नहीं,

एग्जाम की तलवार जो सर पे जो लटकी थी ।

आज भी कुछ ज्यादा न लिखूं , पर थोड़ा तो सही

है अपनी आदत कुछ ऐसी ही

पकड़ते हैं जिसे छोड़ने का नाम नहीं लेते ।

शायद इस लिए ही लिखे जाते हैं

कल्पना के लोक में ही सही

पर कुछ कर गुजरने की तमन्ना हम भी रखते है ।

शायद इस लिए ही लिखे जाते हैं

मगर हर चीज़ के कुछ नफे नुकसान होते हैं ।

कवि बहुत सोचते हैं

अनजान सी राहों को टटोलते हैं ।

शायद इसे लिए लोग उन्हें दीवाना बोलते हैं

मगर सच तो ये है मेरे दोस्त, की एक वही है जो जिंदगी

को जीते है ।

# 11. लोनली रिबेल

बहुत कुछ दोस्तों में करना चाहता हूँ
नदी के दो किनारों को मिलाना चाहता हूँ
बहुत कुछ दोस्तों में करना चाहता हूँ ।
जमीं और आसमां के फर्क को मिटाना चाहता हूँ
ढलते हुए सूरज को उगना चाहता हूँ
बहुत कुछ दोस्तों में करना चाहता हूँ ।
इस एटमी दुनिया से बारूद को मिटाना चाहता हूँ
मैं यूँ ही तन्हाइयो मैं डूब जाना चाहता हूँ
किसी बड़े दरखत की छाया में सोना चाहता हूँ
बहुत कुछ दोस्तों में करना चाहता हूँ
बहुत कुछ दोस्तों में करना चाहता हूँ ।

# 12. कॉन्फ़ेशन ऑफ़ लव

दिल की बात को "मन" तक पहुंचाया
कैसे कहे की क्या क्या उसे समझाया |
बड़ी कश्मकश के बाद प्यार के तीन लफ़्ज़ कह पाया
बस इशारो से उसको कुछ यूँ समझाया |
हम तो अनाड़ी थे क्या यही होता है प्यार
हमने तो कह दिया इश्क़ हो गया है तुमसे |
तुम अगर न मानो तो ये गलत होगा
दिल को "मन" से अलग करना ठीक न होगा |
ऐसा न करो अब न जख्म गहरे
हमसे न सही, इस दिल के लिए ही |
इसका कसूर न था इसने तो इज़हारे मोहब्बत किया
एक बार तो कहो हाँ हमें भी तुमसे प्यार है |

# 13. वो कौन थी

सुबह थी, दोपहर थी, शाम थी,
या थी एक रात, वो कौन थी |
वो मेरी जिंदगी थी,
या मेरा एक हिस्सा थी, वो कौन थी |
फूल थी, कली थी, खशबू थी,
क्या थी, वो कौन थी |
वो मेरी कविता थी,
या कुछ लाइन, जो कभी मैंने लिखी थी
या थी वो मेरी प्रेरणा, वो कौन थी |
वो मेरा साहस थी, या थी मेरी स्मृति,
वो कौन थी |
वो मेरी चाहत थी, वो मेरा प्यार थी,
या थी परिस्ताँ की एक पारी, वो कौन थी |
कोई बता सके तो बताये
वो कौन थी |
वो कौन थी |

# 14. लव ए मिस्ट्री

सोचा था कभी प्यार न करेंगे
किसी पर इतना एतबार न करेंगे |
तुम मिले तो हमने ये सोचा ही न था
कि एक दिन हम तुमसे प्यार करेंगे |
कहते हैं दोस्त सभी हम अब न हॅसते हैं न मुस्कराते है
हर वक़्त क्यों चुपचाप से रहते हैं |
शायद पता नहीं था
तुमसे मिले तो हमने ये जाना
होता है प्यार क्या, क्या होता है दिल का लगाना |

# 15. चांदनी रातें

मुझसे कहती हैं कुछ वो चांदनी रातें
वो सावन कि बारिश और चांदनी रातें |
वो गुलाब कि पंखुड़िया
वो उसकी शरारत
मुझसे कहती है कुछ वो चांदनी रातें |
वो उसका महकना वो उसका चहकना
वो उसकी हसीं के झरने का झरना
मुझसे कहती है कुछ वो चांदनी रातें |
वो उसका बिगड़ना वो उसका झगड़ना
इन्हीं लम्हों कि कहानी कहती है
चांदनी रातें वो चांदनी रातें |
मुझसे दूर पर उसके प्यार का एहसास दिलाती हैं चांदनी
रातें
मेरे प्यार को और करीब लाती हैं चांदनी रातें वो चांदनी
रातें |

# 16. कम्प्लेन

आज पता चला कि शिकायत दर्ज हुई है हमारे लिए
शिकायत ठीक भी है ताल मेल बैठने के लिए |
शिकायत इंसान का आईना होती हैं
मालूम चल जाये तो अच्छाई में तब्दील होती हैं |
अपनी एक कमी का हमें भी पता लगा
सुधरने का एक मौका मिला |
शिकायत है कुछ ऐसी कि हम बात नहीं करते
सोचते थे आँखों से भी बात होती है |
चल सकता है काम बोले बगैर भी
आँखों से काम चल भी जाता शायद |
पर भूल गए थे कि उन पर तो चश्मा चढ़ा है
फिर कैसे अपना जादू चलती ये आँखे
कैसे कह पाती कि प्यार तो सिर्फ तुमसे ही है |

# 17. ए डेस्टिनेशन येट टू रीच

क्या सोच कर में चला जा रहा हूँ
कभी इस तरफ कभी उस तरफ घूमता जा रहा हूँ |
न जाने किधर में चला जा रहा हूँ
जो रास्ते मुझको भटका रहे हैं
उन्हीं रास्तों पर चला जा रहा हूँ |
कुछ इरादे ले कर मन में लेकर चला जा रहा हूँ
न जाने किधर में चला जा रहा हूँ
न खत्म होने वाली राह पर
मंजिल को ढूढ़ता चला जा रहा हूँ
कुछ बदलता हुआ सा चला जा रहा हूँ |
जो रास्ते मुझको भटका रहे हैं
उन्हीं रास्तों पर चला जा रहा हूँ
न जाने किधर में चला जा रहा हूँ |

# 18. टाइम

समय कैसे आता है
चुपके से बिना आहट किये निकल जाता है |
शायद पहले ऐसा न था
तब में भी समय के साथ आगे निकल जाता था |
पर अब ठहर सा गया हूँ
पिछले कुछ बीते वक़्त के बारे में सोचता हूँ |
मैं ठहरा हुआ था कैसे सामने से निकल गए सब
ठगा सा अनजान, किसी को रोक भी न सका |
रोकना ठीक भी न था, वो तो समय के साथ थे
अब एक नयी लय मैंने भी पकड़ ली
समय के अगले न सही, आखरी डिब्बे में ही सही |
शायद बिता वक़्त पड़ाव था जिंदगी का
खुद को बदलते हुए देखने का
समय कैसे आता है और सब कुछ बदलता हुआ निकल
जाता है |